JN437172

풍경 한 접시

풍경 한 접시

박동길 시집

문학들

시인의 말

풍경 한 접시 지어서
두 번째 바닷길을 열었습니다

구름꽃 바닷새 모이는 바다
허공은 그의 오른팔을 더하여
사과빛 석양 노 저어 가고
사붓사붓 설렁거리는 들물은
노을 서너 그릇에
파도의 밥을 지어
풍경 한 상床을 내어 놓습니다

저의 바다에 관심을 베풀어 주신
모든 분께 진심으로 감사드립니다

2014년 겨울
박동길

차례

5 시인의 말

제1부

13 경칩驚蟄 지나
14 소만小滿 쌀밥
16 상사화
17 찔레꽃
18 풍경 한 접시
20 꽃바람 한 그릇
21 혼잣소리1
22 꽃밥 한 술
23 팽나무
24 함초
25 겨울 소나무
26 나무의 나무
28 황칠나무
30 허공 한 척1
32 초가을
34 우박
36 해당화海棠花
37 허공 한 척2

제2부

41 무단조퇴
42 동목포역
44 굴뚝
46 배꼽심사
47 저녁 무렵
48 쟁반 식당
49 목포에 살면서
50 퇴직2
52 퇴직3
53 누가 볼세라
54 영호 할매
56 재개발지구2
57 부광상회
58 화장터
60 쉬는 날
61 배웅1
62 바다의 혀

제3부

67 달빛 한 잔
68 섬, 하루하루
69 고깃배
70 고향 길
72 나루터
74 반지
75 칠산 바다
76 묻어 둔 일
78 까투리 여인숙
80 안부
82 노두길1
84 노두길2
86 파도 리조트
87 증동리 교회1
88 증동리 교회2
90 물동이
92 상괭이

제4부

97 달빛 씻기

98 두 친구

100 월사금

102 파도의 입

104 솎아베기

106 전장포 새우젓

107 배

108 소나무 발가락

110 갯물

112 흑산도

114 방목장放牧場

115 파도 한 그릇

116 흔적1

117 파도2

118 **해설** 은유의 달인을 꿈꾸는 자의 '풍경' 한 상 _ 김재석

제1부

경칩驚蟄 지나

시골 산속 비탈진 밭에 부려 놓은
꽃샘추위가 옴질거리는
경칩의 부피만큼 떨고 있다

듬성듬성 모여 있는 두엄처럼
시골에 새 소식 간간이 전하며
동지섣달 내내 몸이 마른
싸리바지게 빗살 그림자를
헛간 마당까지 비추는 달빛

나처럼 망각의 어둔 밤길을 가는
새끼 개구리에게 강으로 흐르는
따스한 숲길을 일러 주는 꽃바람

경칩驚蟄 지나 겨우내
집을 지킨 굴뚝새 한 마리
두엄만큼 눈물 쌓인 마을로
경칩의 높이까지 봄을 물고 왔다

소만小滿 쌀밥

수 백 마리 두꺼비들이
우리 논 모판을 나와
끙끙거리며 산을 오르더니
비가 오고 안개가 내립니다
봄바람 문풍지 노래하듯
소만小滿은 이팝나무의 쌀밥을
작은 그릇에도 가득가득 채웁니다

어린 모의 얼굴을 닦는 안개비도
가냘프고 고운 여자의 손으로
두꺼비의 기품을 높이는 소만
소만小滿이 사는 산, 소만이 씨름하는 산
뻐꾸기는 이 산 저 산 턱을 밟으며
안개꽃 봄 향기 쌀 방아를 찧습니다

하얀 소만小滿이 까끌까끌한 모판에
푸르디푸른 옷을 입혀 주며
산길 오르던 두꺼비 행렬도

이팝나무 쌀밥 향기를 타고
본능의 꽃처럼 지나갑니다

상사화

메밀꽃 들녘을 올라 산사의
무릎에서 허리에 이르는 중턱
봄부터 보고픈 새싹 하나를
이렇게 키웠습니다

담홍색 꽃빛 타는 목마름은
가늘고 긴 그리움 이루고 이루어
이곳에 피었습니다

나도 저처럼 기다릴 수 있을지
피할 수 없는 가을 발자국이
기다림의 목까지 그리워
그리워하다 모였습니다

불갑산 어깨에 이토록
이루기 어렵고, 이룰 수 없는
꽃무릇처럼 붉게 목이 긴
그리움 하나를 남기고 왔습니다

찔레꽃

봄볕이 산기슭을 내려오다
가시에 찔려 덤불로 넘어졌다

덤불 속 수많은 밤을 털며
꽃자루 깊은 선모腺毛를
가만가만 만지고, 만지더니
털찔레를 피웠다

새콤달콤 찌르르한 입맛에
추억을 피우는 봄, 봄볕은
암술대에 하얀 향기 피우는
찔레와 수천 년을 살고 있다

풍경 한 접시

바람이 끓인 파도 한 그릇에
생선 서너 마리를 갓 구워 먹는
어느 여름,
게들은 한낮의 옆구리에
햇살을 섞어 파란 밥을 짓고 있다

파도가 밀려오는 순간에도
온몸의 돌기와 털을 흔들어 대며
바람을 비벼 풍경 한 접시를 남기는
게들,
갯벌마저 칠게 네 집을 가는 길은
그만큼 들썩거리고
게들이 남긴 접시를 넘보는
모시조개의 애매한 입노릇에
노랑부리 백로가 발차기를 한다

뾰족하게 도드라진 내 발자국에
가득한 파도 한 접시

풍경은 흔적에 모여
바람이 두꺼워지지 않도록
철썩! 철썩! 한다

꽃바람 한 그릇

골짜기 발밑에 남은 꽃샘추위
계곡 물 따라 겨우내
이끼 낀 털 바위 씻기고
봄비는 꽃바람 한 그릇 안고 온다

보슬비 안개에 실바람 몰려
푸른 봄, 산천이 젖꼭지를 트니
어린 새싹들 청명을 찾아와
소곤소곤 햇살 틔운다

영롱한 목련의 하얀 손
내 입에 꽃바람 한 그릇 비워 주고
움들이 겹겹이 핀 매화들
초롱초롱 웃고 간다

혼잣소리1

바람이 붑니다
안개 낀 마음 밭, 자욱한 앞길과
짙고 망망한 저 바다를
자르기 위해 폭풍이 붑니다

속이 빈 바다에
칭칭 동여매인 나의 오랏줄을
풀기 위해 바람의 들뜬 어깨 위에
횃불을 켠 것처럼
허풍을 칩니다

수평선에 떠 있는 풍경을
세탁하는 빨래 소리와
허공을 두드리며 비상하는
파도 소리도
바르비탈*바다에 출렁이는
그리움을
태우는 바람입니다

* barbital.

꽃밥 한 술

오동도 동백 숲길
꽃술 마시러 온 새 떼
꽃잎에 붓을 대며
붉디붉은 입술로 꽃놀이하고

갯바람 발갛게 삶느라
잠도 못잔 동백
울음빛 선혈을 낭자한 채
배부른 꽃잎 밀어내느라
끙끙 힘을 쓰는 소리

저것 봐!
콧구멍의 꽃술
꽃밥 한 술
일생의 한 끼
꽃보라 잔치를 벌렸네

팽나무

나주 목사 내아 금학헌琴鶴軒에는 오백 년 살아온 나무가 있습니다 천둥번개가 몰아치던 어느 밤, 남을 밀어내고 차지한 벼슬자리는 더더욱 아닌 팽나무에게 뜻하지 않게 벼락이 떨어져 그만 두 쪽으로 갈라졌습니다 자세히 보니 우리 어머니 아픔만큼 몸이 나누어진 슬픔을 함께 겪은 관아의 용마루도 팽나무와 함께 울었던 흔적이 묻어 있습니다 오백 년을 말리는 팽나무는 지나가는 새들이 잠깐 쉬는 시간, 마치 금성산 모습의 그늘을 만들어 나주 앞날을 어머니처럼 기원해 주고 있습니다 크나큰 주사액을 가슴에 매달고 수술을 받았던 팽나무는 시멘트 뼈를 가슴팍에 붙이고 하루하루 왕건 우물의 맑은 물로 목을 축이며 백일기도 중입니다 지금도 많은 새들이 파란 고독을 닮은 구름을 물고 오면 폭염의 아랫도리를 씻을 수 있을 때까지 백 년을 다섯 해나 살아온 나주의 기억을 나누어 줍니다 번갯불이 저지른 울음을 가만가만 가라앉히며 팽나무 그늘로 지은 방* 을 내어 시원한 돗자리를 깔아 줍니다

* 금학헌 내 유석증, 김성일의 방(인·의·예·지 실).

함초

검붉은 얼굴, 갯벌 옷을 입은 채
짜디짠 머리를
세우며 살아온 그리움과
바닷새 울음이
갯물 스친 그림자 되어
소금 같은 아픔으로
무지개 꽃 피운다

갯물 스친 아픔들이
호젓한 염전 길에 세워진
또 다른 나를 보는 것처럼
내 삶의 모습 닮은 염초
짠바람 그리움으로 노을 짓는다

겨울 소나무

겨울은 한사코 해송과 마주한다
나무 치맛자락이 눈밭을
살랑거리며 바람의 날개를 오른다

소나무 어깨에 눈이 내린다
파도의 정강이들, 맨살로 철썩인다
고된 실존을 위해 외로운
직립의 가지들, 하얗다

저 눈들 왜 저러나
소리 소문 없이 바람의 옷을 벗기고
모진 원심을 키운 나무 해변까지 데려와
솔잎에 젖꼭지를 물리고 우는 솔방울마저
하얀 고독으로 짠
긴장의 올과 씨로 바꿔 입혔다

소나무 눈썹에 떠오르는 낮달
고요 건너 먼 산 모질음을 데리고
사뿐사뿐 풍경의 숲으로 간다

나무의 나무

몇 년 전 태풍으로
푸른 살갗에 상처를 남기어
쓰러진 고목, 잘리어 있다
여러 토막으로 나뉘어
옷을 벗긴 몸으로
일순간에 무너진 채
사십 년 세월을 버티고 있다

몸에 톱질을 당해도 나는
나무를 키울 수 있을까
유달산에
육십 도로 휘어진 뿌리마저
하얗게 드러난 이빨들이
우글거리는 돌밭

싹을 틔우며 잎을 세우느라
끙끙대며
고운 책의 꿈을

눕히지 않는 고목
저것 봐!
나무의 나무를 키운다

황칠나무

시골 뒷산에 황칠나무를
심었습니다
황칠나무는 발가락 사이사이
바람을 비비며 싹을 기다리는데
은행나무는 진한 갈색 울음으로
검게 탄 얼굴입니다

움트는 황칠은 물을 마시는
본심이 깊어 보이고
아직 산속에서 잠을 깨지 못하는
은행나무는 그 느림을 인정해야
할 것 같습니다

봄빛 햇살에 푸르게 옷을 입은
황칠나무는 어쩐지 듬쑥하고
게으름만 내세우는 은행나무는
나의 때 묻은 발가락을
닮은 것 같습니다

야산에 마주 선 은행과 황칠나무가
서로 다르게 바라는 마음으로
봄은 깊어 갑니다

허공 한 척1

부지런히 숨는 너울을 잡으려고
한 군단의 바람 섬들을 흔덕거리며
울음이 나올 만큼
허공을 컹컹거린다

배를 쪼개며
사람마저 흔드는 바다
그물을 토닥이는 한 타래의 허공과
가늘고도 긴 수평선은
반짝이는 은빛 물결을 펴며
낯익은 몸짓으로 철썩인다

내 몸 속에 아직
나를 기다리는 언어
바람의 뼈대를 이루는
눈썹 하나하나, 산수山水를 씻어
내 안의 파란 섬을 가꾼다

언어의 집을 짓는
파도 한 타래
울음의 지느러미를 흐르는
높은 허공의 음계, 가슴을 치는 듯
허공 한 척이 간다

초가을

모처럼 산을 오르자 정자 밑에서
진한 초록의 산허리를
붉은빛 산꽃이 환하게
비추고 있었다

연한 꽃빛으로 맞이하는
키 큰 배롱나무 한 그루
꽃잎 하나를 따서
길에 깔며 살짝 웃었다

소나기 한 줄금 쓸쓸이 엎드린
바위를 털며 지나가니
소란의 껍질을 벗어 가는
하얀 고요 속에
빗방울에 젖은 눈물을 흘리는
산은
왠지 슬퍼 보였다

땡볕에 덧난 상처와
빗방울에 손을 씻은 초가을
슬픔은 지워지지 않음을
산도
알고 있었다

녹음의 계곡에 홀로
꽃빛을 비추는 배롱나무
나는
슬픈 어깨를 안아 주었다

우박

따스한 햇살이 씨방을 앉히며
접맥을 살찌우는 유월, 오후
알사탕만 한 우박이 나도 아닌 과수果樹에게
얼굴도 안 보여주고 지나갔다
나는
눈도 되지 못한 빙점氷點 쌀밥이
얼음 눈물로 뛰어내리는 것이
안쓰러웠다
구름 꼭대기 차가운 방에
싸라기로 모여 앉은걸음으로
습도의 눈썹을 얼음 머리까지 세워
몸이 자란 우박*
몽실몽실한 구름바다를 이루며
빠르고 쎈 싸락눈으로 유월에 내리는
우박의 하얀 울음에 대하여
나도
한동안 눈물 방에서
훌쩍훌쩍 뛰다가 우리 과수원 배나무에게

눈길 한 번 안 주고 싶었다

* 『요한계시록』 8:7.

해당화海棠花

늦은 봄 먼 길 떠난 그이
설움에 복받쳐
작달비 쏟아지는 모래밭을
맨발로 지키는 눈물
그 바람 때문에
그 남자 때문에
모래 꽉 물고
홀로 핀
피눈물을 흘리며
다시는 상처 받지 말자
깃꼴겹잎 감추다가
때찔래 숲 속으로 가서
다섯잎꽃 붉게 터지는
그녀

허공 한 척2

구름 몇 장 통통거리는 하늘
바람은 어선의 코를 나풀거리며
안강망 그물은 납작 누워 있다

바다는 피어나는 구름꽃 모아
섬들의 등에 사다리를 놓고
파도는 해협을 뛰어올라
허공에 플러그를 꽂는다

섬들이 엉덩이를 끙끙대며
풍경 알을 낳는 바다,
파도의 밑동에 매달린 그물을 끌고
뒤뚱거리며 사다리를 오르는
허공의 배 한 척이 떴다

구름 한 척이
삐비꽃 사다리를 타고 하늘까지
은빛 허공을 간다

제2부

무단조퇴

고등학교 시절
땡땡이 치기를 좋아하는 친구가 있었다
함께 무단으로 땡땡이 친 적이 있었는데
나는 하숙집을 빨리 들어갈 수 없었다
그 후 나는 그를 따라가지 않았다
일상대로 가는 것이 좋았다
사십 년이 지나
그는 중심상업지에 빌딩을 가진 재벌급
사업가가 되었다
보통 상인보다 장사 수완이 좋기로
친구들 입에 오르내렸다
그런 육순, 어느 날
그가 세상을 떠났다는 부고를 받았다
세상을 무단 조퇴해 버린 친구
부의를 마치고 나는
그와 함께 땡땡이 치고 다닌
빵집, 전당포, 제과점을 다녀보았다
학교 부근에 무수히 많던
골목들도 무단조퇴하고 없었다

동목포역

동목포역, 햇볕 드는 난로 가
쭈그리고 앉은 할머니 보자기에
노잣돈 만들어 딸자식 수술비 보태는데
깽깽거리며 팔려 가는 강아지들과
조반도 먹는 둥 마는 둥
산나물 시금치, 오이자루 머리에 이고 지고
자취하는 아들 학비 챙겨 온
아주머니 내외 간데없고
동목포역, 열차에서 내리기도 전에
점심 도시락 벌써 까먹고
지각한 1교시 매 맞지 않으려고
외우던 영어단어, 책가방 챙기느라
시끌벅적하던 통근 통학생들은
어디로 떠났는지
찐득찐득한 동목포처럼
언니와 동생, 새댁과 시어머니
모이고 헤어지던 곳
철도원도 떠난 자리

설레발만 가득 차 있고 네모난 철로
받침목만 빗대어 서 있더니
동목포역, 지금은
수만 가지 꽃과 나무, 공원을 가꾸어
낮에는 여치들과 풀잎이 재주를 겨루고
밤에는 매미와 풀벌레들이
꿈틀꿈틀 춤추며 노래하는 잔치에
달빛도 그림자 제치고
합창하러 온다

굴뚝

온금동 내화공장 굴뚝으로
입항하는 만선의 깃발이 오른다
어선이 가르는 바닷물을 타고
오르는 째보선창 기슭

내화에 몸이 달아오르니
검게, 푸르게, 하얗게, 노랗게
붉은 벽돌의 배설을 토하느라
뜨거운 눈물도 잊은 채
날아오르는 엔진의 마력

물결의 대열을 지어 아리랑 고개까지
잔등의 머리칼을 오르며 변덕의 바다로
가속의 엉덩이를 펄럭! 펄럭이는 깃발

굴뚝은 나를 부둥켜안을 뿐 무슨 영문인지
놓아두지 않는다
나도 굴뚝의 내장도 모른 채

익을 대로 익어 토하는 세상 벽돌에게
언제나 깃발을 세울 수 있을지
다섯 개 내화굴뚝이 깃발을 흔들며
온금동을 뜨겁게 돌리고 있다

배꼽심사

거친 이가 일으킨 문제 때문에
밀고 댕기고 있는데
가을 서창에 금목서와 은목서, 햇볕이
다투어 목을 세워 봅니다

말을 아끼는 자만이 이기는 것

어디 가서든
며느리 밑씻개 잔털 가시처럼
억센지
금빛 낯에 은목서 애인 같은
햇살인지

목화 털같이 부푼 민원의 하얀 배꼽을
자세히 들여다봅니다.

저녁 무렵

해 질 녘 목포항에 나갔더니
뒤뚱거리듯 오리걸음으로
입항하는 어선들과
생선회 은근한 미각味覺을 가진
술꾼들이 비릿한 행렬을 이룬다

조기 떼를 찾아 보름 동안
석양을 어깨에 메고
바다를 샅샅이 만지고 온
만선의 고기잡이
생선살의 쫄깃한 식감과
한 상의 갯내음 향기에
묻혀 그윽해지며

빈속에 끓는 조기들도
그물에 수북이 잡혀와
궁핍으로 출렁이던 파도를 털며
볼그족족한 후각嗅覺에 취해
북적거린다

쟁반 식당

죽동 차 안 다니는 길
점심시간 가게 상인들에게
백반을 배달하는 민들레, 보자기를 푼다
불편한 지체로 매일 금방, 꽃가게, 사진관
한복 집, 서점, 신발 집, 휴대폰 대리점
바쁜 상인의 배를 날쌔게 채워 준다

식당에서 순두부, 청국장, 백반을
날라 온 쟁반, 한 상에 천 원을 더한다
자비의 손이 지폐를 거슬러 받고 있다
내가 은혜의 밥상을 맛보려는 순간
은쟁반에 핀 꽃이 윈도우 치맛자락에
핀 어린 꽃과 자매처럼 깔깔 웃는다
함께 서 있던 바람이 햇살의 어깨를
바스락거린다
늦은 시간까지 민들레 쟁반 자락은
길을 쓸며 간다

목포에 살면서

목포에 살면서 가장 화사한 때는
유달산 봄바람 꽃가지 건드려
무지개 색동옷 입힌 날
그 모습 온종일 바라보며
눈의 갈증을 푸는 일입니다
어느 날
눈이 홀로 고향 뒷산을 오르내리며
푸른 바다 그리워 다도해 나들이도
다녀오지만 오늘은
두 눈이 하나 되어 움직이지 않습니다
목포에 살면서
청빈낙도淸貧樂道란 말을
거듭거듭 되뇌일 때도
바로 이런 날입니다
방금 일주도로 개나리도
내 어깨를 툭! 치며
산철쭉 계곡을 오릅니다
누구든 보세요, 저 축제를!

퇴직2

세월의 접근을 온몸으로 저지하는
무인도 벼랑에
서 있는 것처럼
이 길을 얼마나 눈멀게 달려왔는가

이 속박의 나들이 길에
황금나무를 바치며
허공을 붙잡고 슬피 울지 않았던가

내 사유를 혹사시키며
재능에 속고 속아
사는 일에 무릎 꿇던 일
마실돌기나
자녀를 상급으로 받은 일

세월의 귀퉁이를 잘라 의자에 앉히고
사람 다가옴을 막는 허공이
무릎을 얼마나 꿇을지

퇴직이 바다로 첨벙! 빠지는 무렵
어느 섬의 절벽으로 다가오려는가

퇴직3

청사廳舍 밖으로 나오는
그날
먹이를 함께 쪼아 온 새들도
울 것만 같은데
지금껏 올라온 언덕 위에
나로부터 떠나간
세상일과
수만 장의 간절한 아쉬움이
아장아장 길을 나선다

서산마루에 앉아
누군가 손을 흔드니
푸른 풀 이슬 머금은
눈물 새
세월 그림자를 물고
그리움으로 퇴직한
허공의 새
목포항을 나른다

누가 볼세라

누가 볼세라
유달 숲 속
솔가지에 숨는
아기 살쾡이 새우 눈빛

어린 날
밤새 난중일기 읽다가
이순신 동상에 입 맞추던 일

누가 볼세라
유달 숲 속으로
가는
봄바람
그
비바체*

* vivace.

영호 할매

손수레를 끌고 오는 영호 할매
함박눈은 폐지에 쌓이듯 내리고
차도로 쏟아질 듯 버티는 무릎뼈가
걸음을 쉬게 한다

일찌거니 식솔들과 헤어지고
남은 손자 턱에 흰 수염 날 때까지
살자던 영호 할매
침침한 고샅길
허드레 종이에 달린 노끈
구적口笛 소리 울던 밤
영호는 그물에 잡힌 고기처럼
다리를 베개 뒷등에 꼬고 있다
아침마다 드리던 새벽기도도
휘어진 생선 등뼈처럼
된 걸음으로 몸을 가누며 지낸 할매

오늘 저녁은 하나님이 오시는지

걸음이 쉽지 않다
폐지에 매달린 끄나풀처럼
손수레 움켜잡고
구부러진 정강이 걸음
아슬아슬 오고 있다

재개발지구2

노인당을 나온 어른 한 분,
포장마차에 들립니다
무릎관절 위에 어둠이 아프게
굳어 가는 저녁나절, 눈이 내립니다

창 밖, 산등성이 언덕 아래
북적거리던 집터
비워 둔 시간들이 수군거리고
마른 마당을 팽팽히 흐르는
수세미의 구부러진 울음은
덕지덕지 붙은 가난의 겨드랑이로
아픈 삶을 모으고 있습니다.

궁색의 지느러미를 타고 내리는
싸락눈은 절룩거리는 슬픔이 되어
벌거숭이 집터에 두엄처럼 쌓이고
노인의 주름은 포장마차 주인이 빚어 낸
순대의 내장보다 길게 늘어납니다

부광상회

유달산 능선 위로 별이 떴다
영업을 시작한 지 사십 년을 지나는 일상
미끄러운 산 그림자 하루를 닫으러
잔등을 지나고
땅구멍을 나온 지렁이
몸을 뒤틀며 귀가를 서두른다
영롱한 별빛, 타는 냄새가
대반동 부광상회 앞 산길을 덮고 있다
하늘에 별 한 그릇 떠 있고
안으로 박힌 가시철사, 잔뼈들이 박힌
항성처럼 길을 비추고 있다
부광상회 할머니는 별이 되기 위해
지렁이 같은 몸을 둥글게 뒤집으며 다니셨다
그때마다 산을 오른 사람들도 길을 멈추고
유달산 별 한 그릇 따다가
초롱초롱한 밥상을 차려 주곤 했다
용머리 대교 주탑 위를 돌아
유달산을 올려다보니 할머니의 별빛이
부광상회 마루에 걸려 있다

화장터

먼 길 떠나신 어머니, 십여 년이 넘어서야
이장을 하기로 하여
이른 새벽 화장을 대기하는데
노후한 가스 심지 불이 켜질 듯 말 듯
무심하다

임종 몇 년 전부터
아픈 듯 나으신 듯하다가
나중에 치매를 입으셔서
목욕시키는 아들 얼굴에 난데없이
마구 비누칠을 하시던 것처럼
수리하여도 켜지지 않는 화로는
숯검정을 묻힌 시커먼 얼굴로
소통되지 않는 궁금증에
애틋하게 진땀을 흘리는
화부 아저씨를 당황하게 한다

불이 켜지는 사이

'잘게 빻아 주세요'
몇 구의 송장이 들어오고 화부 아저씨는
무표정의 골짜기를 넘고 있었다
벌써 오전을 마감하고 있었다

쉬는 날

눈이 온다고 하여
제설 복장을 갖추고 나간다
추위도 털지 못한 채
보고 싶어 애타는
그리움도 쉬는 날
눈마저 쉬게 할 수 없는
쓸쓸함이 가슴에 앉는다

텅 빈 밤, 하얀 화면에
통신이 내걸리고
그리움 위에 쌓이는 추위
눈발이 몸을 날린다

쉬는 날, 내리는 눈
누군가 삽질을 해 댄다
눈밭에 누운 수십 톤의 추위를
바다에 퍼다 버린다

배웅1

북항에 나가 파도 한 그릇에
다도해의 끈끈한 갯내음
몇 잔 나누고
국수발처럼 엮어진
추억의 밥그릇에
우정을 비비며
우주 시운時運을 나눈다
서해로 흐르는
바람 한 보자기 싸서
실어 주고
목포대교 교명주에
눈물 한 방울 새기며
돌아선다

바다의 혀

진도군 조도면 병풍도
북방 일점팔 마일 해상에서
일상의 보자기를 가득 싣은
배* 한 척,
피로疲勞의 혀가 널름거리는
바다에 먹히고 있었다

일상의 시체도 곁에 있었다
여객선을 지배하는 과적의 혀도 있었다
얼마 후
선장 혀로도
기관장 혀로도
운항시스템 카메라의 혀로도
그 많은 바다의 혀로도
이럴 순 없다던 혀들이
내 이름을 불러 주지 않았다

일상의 시체도 곁에 누워

피의 숲을 이루는
진도 팽목항 바다엔
고물엔진, 과적한 배에
끊임없는 피로疲勞의 혀가
세상의 피딱지를 토하고
마침내 나는 솟아오르는 눈물로
서러워했다

* 세월호.

제3부

달빛 한 잔

돛단배 떠난 시골 빈집에
하얀 달 등성이를 타고 앉아
이별의 슬픔, 한 컵을 마신다

저 달 처마 밑 시렁에
일찍이 노끈 한 꿰미를
묶어 주신 어머니 줄사다리
소란스런 바람의 혀를 꿰며
달려온 파도처럼 출렁거리고

울음 마를 새 없는 내 시궁과
고요 너머 사다리를 내려 준
어머니의 달빛 한 모금
눈물진 찻잔의 엉덩이를
하얀 달이 넘고 있다

섬, 하루하루

긴 겨울 터널을 지나온 내 푸른 시절도
이제, 저물어 가는 노을의 등걸이 되었고
엷은 갈색 의자의 등처럼 굽어
비스듬히 기우는 허리를 받쳐 본다

어제는 증도曾島를 찾아가서
고故 문준경 님 전신상全身像 앞에
회개의 입술을 열어
전도사님께 어떻게 사셨냐고 물었다
고무신 아홉 켤레로 노두길을 걸으며
복음을 전해 보라, 하셨다

앞으로 하루는 푸른 파도 따라 울고
하루는 섬개망초 꽃으로 웃고
섬처럼 살아갈 나날을
검부러기 구르듯 낮고 낮은
무릎으로 걸어갈 일이다

고깃배

시골 갈 때마다
눈인사하며 바다를 깁는 고깃배
깃발 올리던 민어 떼 기다리고 있다
풍랑의 우듬지 올라 그물을 거두리라
중얼중얼

수평선에 어선 한 척
서해의 눈썹을 그물에 걸고
목숨 이은 파도에
고기잡이 사노라며
중얼중얼

고향에 갈 적마다
직각 절벽 안쪽 한적한 목넹기*에는
언제나 파도 몇 척이 엉덩이춤으로
살긋살긋 시소처럼
중얼거린다

* 서·남해 최초 파시, 어업중개무역기지, 송·원대 유물매장해역.

고향 길

섬으로 가는 날,
건장한 산들이 마음먹고
하얀 로켓구름을 쏘아 올렸다

구름열차 지난 뒤 파랗게 널린 수평선
송도 건너, 사옥도,
지도·증도대교 지나
버지* 발전소 태양광은 은빛 꽃향기
날리고
야자수 그림자는 길을 늘리고 있었다

소금물 미는 고무래질로
등짝이 벌겋게 달아오른
염부의 증발지에 내리쬐는 햇빛
짭조름한 땀 냄새와
하얀 소금 갯내음으로
전어양식장에 사는 왕새우도 울고

길 위에 슬픔을 울어 주는 바다
바다를 키우며 사는
고향의 입맛은 우전리 백합탕 같아
갯벌공원 짱뚱어도 울었다

섬으로 가는 길은
솟아오르는 하얀 로켓구름처럼
눈물이 솟아올랐다

* 전남 신안군 증도면 대초리에 위치한 마을.

나루터

바닷물 드나드는 갯고랑
어선 한 척, 노을을 밟고 온다
만선을 꿈꾸는 어부의 삶일까
고요마저 썰물과 선문답禪問答을
나누는
목이 긴 나루
갯마을 애틋한 일상이
풍경의 알을 낳으며 붉게 탄다

문답지問答紙 위에 앉아 서해를 펴내며
지신개*를 태우는 풍경 하나
빨갛게 물드는 사과처럼
얼굴을 붉히는 갯벌
속이 얼마나 타오르는지
나도 저처럼 붉을 수 있을까

문답問答을 던지는 사이
섬들이 베어 먹고 남긴 사과에

조기들 울음이 흐르는 나루터
싣고 온 그물의 네모난 삶은
노을빛 만선을 꿈꾸고 있다

* 신안군 지도읍 사옥도 지신개 나루.

반지

한양호* 2층 여객실에
발을 뻗고 누운 듯이
앉은 그 여자
부드러운 손가락에 보석이
유난히 반짝이는
짙은 은색 반지에는
그 신랑
미리 보이는 고통이 끼워져 있다

시댁이 어느 섬이란다
직업군인으로
그녀의 신랑이 해 주었다는
백금 반지의 콧구멍에는
어선 한 척 가진 시부모 얼굴에
갯물 스며드는 짜디짠 눈물이
훤히 보인다

* 목포~압해~증도~임자~전장포간 여객선.

칠산 바다

수만 마리 조기 떼가 산다는
칠산 바다에서 잡아 온 풍경 하나를
그물 위에 걸어 두었다
어느 아침
바람은 바닷새 소식 묻느라
섬들을 오르내리고
파도는 나처럼 스스로 몸이 달아
풍경 위에 앉은 한 겹의 길을 닦는다
섬으로부터 나를 따라 나선 허공도
이강망에 닿아서야 바다를 철썩거린다
나는 조기 키우는 바다를 얼마나
닮을 수 있을지
나의 허상과 조기 떼의 파란 울음이
끝내 기계 같은 생각으로 멈춰 버린
어느 일상
알사탕만 한 별빛을 데리고 온
노을도 칠산 바다 하루를 넘긴다

묻어 둔 일

예전 어느 날, 세 살짜리 수소가
방조제 석공들 노임에 팔려 가는 날
고삐에 끌려 나가며
왕방울만 한 눈물을 흘렸다

자식 같은 소 코뚜래를 잡고
얼굴을 쓰다듬어 주는 아버지
우리 면내 서너 마을 암소들의
종자 소 노릇을 하며 쟁기질과
공사장 큰 돌을 수없이 나르던
일소

기름지고 살진 땅을 가꾸자던
수 킬로미터 제방의 옆구리가
하루아침에 아홉 동강 난
어느 날
고통의 아침거리를 등에 지고
이랴! 이랴! 하시던 아버지와

고삐의 허둥거림이
수소 울음소리에 눈물범벅이 된 채
우리 집 대문을 나섰다

까투리 여인숙

시골 뒷산 깊은 산속
봄이 청매실처럼 짙어 가고
녹음이 삶은 고구마처럼 익어 가는 5월
꿩들이 묵은 산골 숲 우거진
가지를 치며 꽃무늬 벽지를 바르고
창틀을 솎아 베어 주던 소만小滿 무렵,
꿩 한 마리가
숲가꾸기 하는 나와 만났다

바람꽃 피어내는 귀를
노릇노릇하게 건드리는 듯
풀숲을 부스럭부스럭하더니
인기척에 놀란 장끼는 하늘이 솟는 듯
납작하게 엎드린 계곡의 고요를
꿩! 꿩! 들었다 놓았다 하였다

건너편 골짜기에서 이 광경을 보던
까투리가 탱탱하게 파적破寂의

플러스 부호를 불러 대자
삼삼森森한 그녀의 달방
여인숙으로 날아갔다

안부

어릴 적 어느 날 고기잡이
나선 돛단배, 검은 파도는
섬의 배꼽으로 기어오르고
망망한 바다로 떠밀린 배
고장 난 중앙 돛대가 넘어지고
그 뒤로 보이지 않았다며
꼬리가 세워진 어선을 어느 바람이
칠산 바다에서 보았다느니

흔들리는 돛 끝으로 윙윙거리며
펄럭이다 곱절로 들썩이던 파도
가족의 옆구리는 울고불고
어장 중턱을 거슬러
보름치 안부를 보내온 어선

그물이 걷히고 순풍이 불어와
귀선과 어황漁況을 나누는 소식,
소식의 고개를 넘는

풍년호豊年號 만선에 바람도
손사래 하듯 귀범歸帆한다

노두길1

그를 멀리서 건너다볼 때는 몰랐다
증도와 화도
섬과 섬이 모여
파도와 바람의 어깨를 잇고
눈물과 눈물을 모아
바다를 이루는 줄 알았다

섬 둘레 마실 길 따라
온통 해당화 피어 불섬이 된 화도
노을 진 꽃빛 눈물방울로
노둣돌을 놓은 섬길
구름도 아빠기러기와 백합처녀의
안부를 묻고 간다는 섬마을
대수릉도*에서 1.2킬로미터
화도와 증도 사이

그만큼 두 눈썹에 묻혀
고랑을 만지며 사는 눈물진 섬

때론 길거나
짧은 노두길이 있다는 걸 몰랐다
그의 두 어깨, 하나로 잇는 섬임을
갯벌에 들어가 보고야 알았다

* 전남 신안군 증도면 덕정리.

노두길2

화도 가는 길
돌바위 해변을 돌아
물장구치며 깔깔대던 갯가
바람과 갯벌은 파도를 문지르며
밀물을 끌어올리고 있었다

바람이 손빨래하듯 비비대던
노둣돌 징검다리, 건너 마을 화도
회갑연에 짱뚱어가 가는 길
하루가 일생같이 일 년이 하루같이
뛰는 짱뚱어와 느리게 꾸물대는
천사 섬 칠게가 엉겁결에 잡혀와
마주한 밥상을 차렸고

짱뚱어 탕에 텁텁한 된장, 고추와
밥그릇을 기어 나오는
활달한 칠게의 너그럽고
구수한 엉거주춤에

바리바리 밀려오는 서해 갯바람이
노둣돌의 가슴을 턱! 친다

파도 리조트

그는 옛날 옛적부터 먼 바다 추위를 피하여 뒤집어지는 물살에 묻히어 슬로시티 증도로 달려옵니다 섬들의 고샅길에 들어서 물컹한 옷을 갈아입고 추억의 파시를 되살립니다 한 잎 두 잎, 경쾌한 꽃물결 그의 아랫도리는 왈츠를 춥니다 크나 적으나 욕심은 반칙입니다 빠름도 반칙입니다 그렇다고 나무라지도 않습니다 그가 때로는 언덕 아래 하얀 집을 나서 제 갈 길을 가다 푸른 바다에 부서지는 햇살을 만나 김 한 점, 백합 한 그릇, 노을 한 상을 구워 먹습니다 촤르르! 또르르! 물소리, 돌소리도 아닌 것이 황홀한 백색 음으로 묽은 쌀가루 반죽처럼 얇게 퍼지며 하루 종일 리조트를 채웁니다 그가 마치 고기잡이 선단을 이룰 때 나도 가족을 거느리고 하얀 모래사장에 묻혀 감자칩으로 구부러지다 파전처럼 얇게 퍼지는 그와 아름답고 시원한 오페라를 이루고 왔습니다

증동리 교회1

비가 내릴 것 같아서
도시를 바삐 나오는데
증도에 당도하는 갯바람 냄새
바닷가 옛 생각이 잠시 어깨를 적신다
바람도 털지 않은 저녁 무렵
교회에 불이 켜지고
갯바람보다 부드럽게
성결聖潔이 잠시 그 위에 걸터앉는다
주님이 울리는 종소리
바람에 새긴다
우듬지 종각에 켜켜이 묻혀 있는
내 삶의 소망
증동리 교회에 쌓였다

증동리 교회2

예배당 방석 밑 마루 틈새엔
어린이 코딱지가 찐 고구마 껍질에
말라 있고
쟁기질 발굽에 흙이 따라와
호미질 손톱 때와 까맣게 남아
권사님 기도 눈물까지 섞이어
비빔밥처럼 오돌토돌 남아 있는 교회

반사님 걸레로 바닥 청소하는 사이
종각에 매어진 줄을 잡아당기며
높이 차기하고 놀다 장로님께 혼나고
문준경 전도사님 묘소 옆 바위 뿌리에
눈물 나게 산상기도 하다가
고기잡이 선원들 선교한다며
우유와 보리쌀, 강냉이 타다가
밥에 쪄서 먹던 일

벼 베고 백합 캐어 추수감사 기뻐하며

장작불 난로보다 교회 성령불이
더 뜨겁고
성탄절 새벽 송, 남포등 손에 들고
청년들 따라 고샅길 돌며
예수 첫사랑 축하하고
마을마다 곳간마다 은혜가 충만한
우듬지 교회

물동이

물 없는 가뭄철* 우물에
새벽같이 물을 길러 오시는 엄니
두 귀에 허공을 꽁꽁 묶어 지은
기억 하나 묻어 있다

함석에 이빨 자국을 들이대며
똬리를 치고 출렁다리 계곡으로
꽉 찬 어둠 밭에 자란 잡초들이
가뭄의 발가락에 틈을 뚫어 낸다

찰진 장력의 이빨이 가속으로
몸을 비비며 그 큰 새벽을
여우의 꼬리 같은 춤사위로
하얀 아침으로 튈 때 철렁!

일천 번째 꼬리를 흔드는
여우의 다리를 쥐어 잡은
두 귀의 흥분은

치마꼬리를 허리에 동여매고
수수잎 이슬까지 들녘을 울리며
새는 가뭄을 이고
오시는 엄니

텅 빈 허공을 꼭 붙잡고
가난의 낯을 털며
똬리의 볼기짝을 훔치시는
엄니 물동이에 달처럼
얼굴 하나 둥둥 떠 있다

* 1967~1968 (2년) 영·호남지역 극심한 가뭄.

상괭이*

고래들이 열을 지어 헤엄치는 것은
먹이를 사냥하기 위해서만 아닌 듯
벌써 군서群棲의 띠를 이루었습니다

숲 속에 한 시절 흐르다 보니
파도의 숲길, 폐호흡을 하며
앞서거니 뒤서거니 하다가
가슴을 나란히 날아가는 한 쌍의 부부
그 거리만큼의 바다가
암회색의 유선을 이룹니다

따르는 새끼들이 목숨을 다하도록
바다의 가슴을 친다 해도
꼬리와 가슴지느러미마다 배어 있는 속도는
파도를 숨 쉬게 하는 상괭이 풍경을
지우지 못할 것입니다

부부의 띠가 지나가는 자리,

상괭이가 헤엄치는 파도 숲 속에서
아직도 무리를 이루지 못한 나는
회유回遊의 뜨거움에 빠져
두리번두리번하다
풍경風景의 집을
나옵니다

* Neophocaena phocaenoides.

제4부

달빛 씻기

해변 문턱이 닳아지도록 반달의 낯을 씻는 그물이 떠 있다 여러 겹 바닷길을 따라 걸었다 파도를 밀며 갯벌을 비비던 달은 검은 그물의 이마에 떠 있는 오로라의 옷을 씻는다 반쯤 가린 어장의 밤을 낚는 어부는 하늘에 타오르는 달빛을 타고 단단히 홀로 메친 마디마디 묶은 그물을 편다 풍요의 옆구리를 향해 눈물을 던진다 파도가 밀물을 이고 떠 있는 섬을 피아노 치듯 어둠의 낯을 씻는 사이 반달을 들어 올렸다 놓는 고기들이 그물 허리가 휘어지도록 밀고 씻기를 몇 번일까 고기들도 기어코 그물에 매달려 배에 오른다 섬들도 달빛 문지방에 쌓인 어둠을 씻고 또 씻어낸다 그물을 거두며 겹겹의 파도를 씻는 것은 흠집 난 어장漁場을 가꾼 달빛이었다

두 친구

친구 영준이가 민어, 농어잡이로
먼 바다에 나가면
정석이는 숭어나 왕새우를 집 앞
만들*에 가두어 키운다

망망대해 어스름한 파도만 봐도
숨이 차오르는 배가
그물과 낚시를 걷어 올리다 뒤집혀
거기, 아직도 귀향하지 못한 가족
생각에 자꾸만 눈물이 난다는
영준이의 고통과

가득 채워진 낭만에 붙잡혀
슬픈 사유思惟와 거친 서정抒情이 텀벙대는
어장의 심오한 수사愁思를
미처 몰랐던
나는

치어에게 밥을 먹이며 정성으로 키운
양식어들이 적조의 뒷자락에 잡혀
모두 괴사했을 때 흘리는
신안 최고 베테랑 어부 정석이 눈물도
이제야 알았다

나는
목을 길게 뺀 외다리 물새가 울 때마다
두 친구와 산다

* 전남 신안군 증도면 방축리 소재 독살 어업 형태로 서해 수평선과 노을의 관광명소임.

월사금

농사 지어서
아버지께 모두 맡기고
어머니, 아들놈 월사금 달라 하신다

아버지는 그래
주실까, 말까 애매한 표정으로
조합에 빌린 돈 제하고
비료 사고, 품삯 주고
안 되겄다 하신다

우리 집 살림살이
몇 번이고 돌고
휘어 구부러져 뒤얽히다가
어머니, 오천 원 타 주신다

새벽에 일어나 못자리논 피 뽑다가
아침도 거르고 밭작물 어린 싹을
호미로 고르고 오신 어머니

월사금 타시느라 바쁘시다

나와 내 동생 그 곁에서
학교 안 가고 꼴 베러 가려다
해낙낙하니 까불거린다

파도의 입

서해 남부
싹쓸바람이 불어오고 있다
섬들이 하얗게 머리를 푼다
파도가 몸을 던져 너럭바위에 넘어진다
바람을 지키는 솔숲이 기울어진다
가늘고 긴 솔가지와 솔방울이 어지럽다

내 심장이 잠잠하다면
파도는 입을 다물고 있을까

키 큰 파도들이 열을 지어 몰려온다
파도를 가늠하지 못한 어선들조차
내게로 다가온다
바람은 파도의 팔을 세워 준다
파도는 바람의 앞니로 나를 물려고 한다
몸이 탄다 저 파도가 앞니를 벌리면
어선과 나의 심장은 어떻게 될까

섬의 머리칼이 파도에 날린다
파도의 앞니가
내 단추 구멍에서 나와
넘어지는 나무들의 넋을 찾아
바람같이 내달리고 있다

바다의 숨소리가 차오르고 있다

슊아베기

어릴 적 뒷산, 슊아베기를 할 때
앵감나무 열매가
풀숲에 떨어졌다
가시 끝에 진한 햇살을 감아 돌린
빨간 구슬
굽이 자라나 뾰족한 가시로
마디마디 줄기로
열매를 맺은 빨간 앵감
앵감의 눈물이 풀숲에 떨어질 때마다
비탈진 가을볕도 턱! 쓰러졌다

나도 남의 앵감나무를 베어내는
삶의 슊아베기를 한 적은 없는지
가시라며
낫질하는 게 아니었다
탱탱한 열매를 풀에 꿰어
나무의 목에 걸어 주었다
우리 집 강아지 목걸이 같았다

골짜기마다, 나무 가슴과 다리를
휘감아 도는 앵감을
베어 내는
슬픔은 산도 나도 알고 있었다
볼그족족한 석양 무렵
앵감을 목에 건 어린 해송은
아직도 빈 산을 지키고 있었다.

전장포 새우젓

하얀 물, 살 속에 그는
자신의 뼈를 묻고 몸엣것을 짜내며
나의 입맛을 세운다

쫑긋 튀어나온 눈은 짓이겨진 채
둥그레 한 젓 드럼에 실려와
집게뼘 절구를 타고
최고 미색으로 몸을 태우며
끝머리를 바치는
깔끔한 향

어느 날, 그는
푸른 집에 담장 없이도
소리 소문 없이 살아온 이승과
전장포 피와 살을
내내 나에게 바친다

배

한평생 배를 타시는
아버지 낡은 노櫓에는
민어가 낮달처럼 숨어 산다

사리 물의 귀범歸帆 목뼈를 세우시니
젓는 노櫓에서
드문드문 가난하게 들리는 울음소리
민어 다리를 끌며
목숨 같은 배를
기우뚱거리는 아버지의 바다

바다에게 진한 은색 옷을 팔고
네모난 그물코에 걸린
고기비늘과 햇살 하나
두툼한 흰 구름 한 채를 지고
어창魚艙에 서 있다

소나무 발가락

증도 바닷가, 모래사장 둔덕길
태풍으로 기우는 소나무들이 있다

수십 년 해변을 지켜 온 해송들
언덕을 파고드는 파도, 매서운 바람에
척박한 해변의 고요를 지키고 있다

추위의 무늬마다
언덕의 뼈마디를 털고 있는 파도
버티는 뿌리에 발가락 하나가
나무의 가난을 다스린다

드러나는 나무의 관절
흩어지는 살점을 붙이느라
뒤엉킨 발가락을 풍경의 바다로
이끄는 소나무

나는 목청껏 새끼 찾는

죄스러운 어미 새가 되어
은빛 모랫벌에
발가락 해변을 남기며 날아간다

갯물

갯바위를 이고 서서
바다 엉덩이에
잎을 틔우며 수만 가지
고기를 키우는
갯물
갯물이 저렇게 하다니
멍이 든 몸으로
빨갛고 검게 혹은 파란 이끼를
안고 있다

저것 봐!
바위 입을 열어
세모가사리, 꼬시래기, 톳, 김을
먹이며 짜디짠 들녘을 이루는
갯물
갯물은
여태껏 먼 곳에서
달콤한 세월만 두리번거리다 온

나에게도,
수만 가지 이끼에게도
높디높은 갯물 엉덩이로 살도록
세월 발바닥을 출렁출렁
씻어 준다

흑산도

바쁘게 감도는 유람선들이
손암*의 가르침을
얼마나 길게 이을지
촛대바위에서 홍도까지
그 거리만큼
바다의 낯은 통통거리고
내장은 푸르디푸르다

홍어 치맛자락에
물오징어가 기웃하니
샛서방고기도 뛰고
나도 얼마큼 뛰었던지
후박나무 가지에 앉아
파도 한 척, 바라보니
흑산 들녘이 푸르게 뛴다

당당하게 흘러온 시대
그 가슴 밭에

흑산의 눈을 모아
하늘을 올려 보니
자산어보가
비시시 웃고 있다

* 손암 정약전(1758~1816). 정약용의 둘째 형. 『자산어보』 등을 서술.

방목장放牧場

신안 증도, 임자도 사이
무인도*에 염소 떼 절벽을 오르내린다
바람 씻는 솔잎, 햇살 앉는 바위 턱
목장을 씻는 은빛 물결에
방목장放牧場 초록을 넘어
오르내리는 염소들의 벼랑길
외딴섬 사방 초지 삼아 너럭바위 이르는
파도 울타리
깊은 댓잎 스미는 하얀 햇살
나그네 주인 쫓는 은빛 파도
염소 어깨를 스친다

* 전남 신안군 증도면 방축리 대섬.

파도 한 그릇

바람은 사람을 흔덕거리며
섬마저 흔드는 바다와
부지런히 숨는 너울을 잡으려고
파도를 쪼개며 울음을 낳는 허공을
컹컹거린다

가늘고도 긴 수평선으로
반짝이는 은빛 바다를 펴며
그물을 토닥이는 파도 한 그릇
귀에 익은 낱말마다 철썩인다

한 숟가락 떠먹는 풍경의 문장은
산수山水의 집을 짓고
바다의 뼈대를 이루는
눈썹 하나하나, 파도를 씻어
높은 섬을 가꾼다
울음 지느러미를 흐르는
파도 한 그릇, 가슴을 치는 듯
내 안에 파란 음계를 이룬다

흔적1

왕 눈의 짱뚱어, 식탁에 끓여 나온 탕국
하얗게 끓는 김은
내 얼굴을 만지며 아무 말도 안 했다

그가 떠나올 때 울었던 흔적
짱뚱어 탕국 하얀 괴로움을 금방 알았다
뻘밭 집을 들락거린 가슴지느러미
갯벌에 잃어버린 자국마다
육질의 하얀 피가 흘렀다

납작하게 가늘어진 측선의 흔적
고통을 버티느라 홀쭉해진
그 이별
뜨겁게 울고 차갑게 헤어지라며
얼굴은 말없이 눈물을 껌벅거리는 자국
그 눈마저 컸던 것은
하얀 피의 겨드랑이가 마를 때까지
울음을 토하는 흔적임을 알았다

파도2

파도는 바람과 한편을 이루어
몸을 의지하며 산다
우주가 섬들과 헤어졌다
돌아올수록
몸을 던져 앞선다

서로가 바람의 어깨를 비비며
그의 그림자 곡절마다
구름을 넘어온 세월을
끝내 빻고 있다
가끔 내 모습이 차가워질 때
익어 가는 햇살을 비벼
푸르디푸른 물비늘을 채워 주며
그늘 속 누추함도 벗게 한다

삼백예순날
바람을 읽던 구름이 지나갈 때
팽팽한 우주의 엉덩이가 깨지도록
시푸른 방아를 찧고 있다

| 해설 |

은유의 달인을 꿈꾸는 자의 '풍경' 한 상
– 시작법을 중심으로

김재석 시인

1

「검정새를 바라보는 열세 가지 방식」이란 시로 알려진 월러스 스티븐스는 시인이 시인일 수 있는 것은 은유의 영역에서라고 하였다. 이 말은 시에 있어서 은유가 얼마나 중요한 위치를 차지하고 있는가를 우리에게 말하고 있는 것이다. 한술 더 떠 아리스토텔레스의 시학은 은유를 구사하는 능력이야 말로 남에게 배울 수 없는 능력으로 천재의 징표와 다름없다고 한다. 과연 은유가 천재들의 영역에 속하는 걸까. 고대에는 오늘날과 같은 교육기관과 전문서적이 많지 않았다. 그리하여 소수의 사람들만이 은유에 관심을 가졌기에 은유는 특별한 대접을 받았을 것이다. 오늘날은 교육을 통하여 또는 책을 통하여 우리는 다양한 종류의 은유에 대하여 마음만 먹으면 또 안내만 잘 받으면 둔재라도 쉽게 은유에 대하여 접할 수 있고 은유를 만들어 낼 수 있다. 더불어 은유, 직유 그리고 환유도 만들어 낼 수 있다. 그러한 훈련을 잘 쌓은 시인이 좋은 시를 쓸 것이며 월러스 스티븐스의 말대로 시인일 수 있는 것이다.

월러스 스티븐스가 은유를 시작詩作에 있어 중요시 여겼듯이 은유에 목매는 시인이 바로 『풍경 한 접시』라는 두 번째 시집을 내는 박동길 시인이다. 도시 및 토목공학을 전공한 그는 목포시청 사무관으로서 바쁜 일상에도 불구하고 오래 접어 두었던 시작詩作을 다시 시작하여 『21세기문학』이라는 계간지를 통하여 등단을 하였다. 등단 한 해 만에 그의 등단작을 표제로 한 첫 시집 『증도바다』를 출간하였다. 그로부터 불과 일 년 만에 퇴직을 앞두고 두 번째 시집 『풍경 한 접시』를 들고 나온 것이다.

황정산은 박동길의 첫 시집 『증도바다』를 「자연 속의

삶, 삶 속의 자연」으로 읽어 냈다. 그 해설에서 황정산은 "박동길 시인의 이번 시집은 자연을 바라보는 새로운 가능성을 생각하게 해 준다. 그의 시에 있어 자연은 회복해야 할 원형도 도달해야 할 피안도 아니다. 바로 지금 여기의 자연이다."라고 말하고 있다. 그의 두 번째 시집 『풍경 한 접시』는 소재적인 측면에서는 첫 시집의 연장선상에 있으나 언어를 낯설게 하는 표현기교면에선 첫 시집보다 더 뛰어나다. 매 시마다 다양한 종류의 은유를 적절히 배치하여 시를 만들어 내는 그의 기교는 다분히 의도적이다. 이제부터 은유의 달인을 꿈꾸는 자가 차려 놓은 '풍경' 한 상을 시작법을 중심으로 맛보도록 한다.

2

박시인이 차려 놓은 '풍경' 한 상은 코스 요리처럼 4부로 구성되어 있다. 박시인이라는 언어의 요리사이자 주방장이 차려 놓은 요리를 차례대로 맛볼 것이다. 누구든 눈길을 끄는 맛있는 요리에 젓가락이 가듯 눈에 띄는 시를 마음의 젓가락으로 집어든다.

시골 산속 비탈진 밭에 부려 놓은
꽃샘추위가 옴질거리는
경칩의 부피만큼 떨고 있다

듬성듬성 모여 있는 두엄처럼
시골에 새 소식 간간이 전하며
동지섣달 내내 몸이 마른
싸리바지게 빗살 그림자를
헛간 마당까지 비추는 달빛

나처럼 망각의 어둔 밤길을 가는
새끼 개구리에게 강으로 흐르는
따스한 숲길을 일러 주는 꽃바람

경칩驚蟄 지나 겨우내
집을 지킨 굴뚝새 한 마리
두엄만큼 눈물 쌓인 마을로
경칩의 높이까지 봄을 물고 왔다

– 「경칩驚蟄 지나」 전문

이 시집의 가장 처음에 실린 「경칩驚蟄 지나」는 서시라 할 수 있다. 시집의 가장 처음에 놓였다는 것은 상당한 의미를 지니는데 이 한 편만으로도 박시인의 시작의 전모를 이해할 수 있다. 한적한 산속 풍경을 묘사하는 시인의 눈빛은 예리하다. '시골 산속 비탈진 밭에 부려놓은/꽃샘추위가 옴질거리는/경칩의 부피만큼 떨고 있다' 는 구절은 초현실주의 시인들의 시만큼이나 난해하다. 은유가 가락지라면 이 시는 첫 연에서부터 여러 개의 가락지를 끼고 있다. 이처럼 여러 개의 가락지가 복잡하게 얽혀 독자로 하여금 지각하는 능력을 느리게 하고 있다. 이것이 바로 러시아 형식주의자들이 말하는 낯설게 하기 이론(defamiliarization)인데 박시인은 이 이론을 시에 충실하게 반영하고 있다. 낯설게 하는 데 있어 박시인은 주로 은유라는 비유법을 주로 사용하고 있다. 시집 전체에 시인이 사용하고 있는 은유는 한 가지가 아니라 여러 가지로 다양하다. 두 번째 세 번째 연의 마지막 시어를 명사화 시키는 기법은 시인 박용래가 시에서 자주 사용하는 기법이다. 박시인은 박용래처럼 한 연의 마지막을 명사로 끝내는데 그러니까 '달빛' 과 '꽃바람' 에 이르는 과정이 박용래처럼 간결한 게 아니라 복잡하다. 나는 이 복잡함 속에서도 이 시 속의 풍경을 이해하는 데 이 시에 등장하는 토속어인 꽃샘추위, 두엄, 헛간, 싸리바지게 그리고 굴뚝새의 도움을 받아 시의 맛을 만끽하고 있다.

수백 마리의 두꺼비들이
우리 논 모판을 나와
끙끙거리며 산을 오르더니
비가 오고 안개가 내립니다
봄바람 문풍지 노래하듯
소만小滿은 이팝나무의 쌀밥을
작은 그릇에도 가득가득 채웁니다

어린 모의 얼굴을 닦는 안개비도
가냘프고 고운 여자의 손으로
두꺼비의 기품을 높이는 소만
소만小滿이 사는 산, 소만이 씨름하는 산
뻐꾸기는 이 산 저 산 턱을 밟으며
안개꽃 봄 향기 쌀 방아를 찧습니다

하얀 소만小滿이 까끌까끌한 모판에
푸르디푸른 옷을 입혀 주며

산길 오르던 두꺼비 행렬도
이팝나무 쌀밥 향기를 타고
본능의 꽃처럼 지나갑니다

―「소만小滿 쌀밥」 전문

이십사절기 중의 하나인 소만小滿을 의인화한 이 작품은 '수백 마리의 두꺼비들이/우리 논 모판을 나와/끙끙거리며 산을 오르더니/비가 오고 안개가 내립니다'로 시작하고 있다. 농사일을 하는 노인들의 허리가 쑤시고 아프면 다음 날은 비가 오듯이 두꺼비들이 산으로 가는 집단행동 뒤에는 비가 온다. 그것은 속신임과 동시에 실제로 일어나는 자연현상이기도 하다. 소만은 시기적으로 못자리를 돌볼 때이다. 논에 물이 많이 차 있는 게 아니라 조금 차 있는 것이다. 물이 너무 많이 차 어린 모가 물속에 잠기면 모는 죽고 만다. 그래서 물이 많이 차지 않고 적당히 차야 하는 것이다. 그 소만이 '소만小滿이 사는 산, 소만이 씨름하는 산'에 보여주는 바와 같이 그 소만이 의인화된 이 시 역시 마지막 연은 여러 개의 은유의 가락지를 끼고 있다. '하얀 소만小滿이 까끌까끌한 모판에/푸르디푸른 옷을 입혀 주며/산길 오르던 두꺼비 행렬도/이팝나무 쌀밥 향기를 타고/

본능의 꽃처럼 지나갑니다' 라는 구절에서 박시인은 예사롭지 않은 은유를 구사하고 있다. 마지막 행에서 '본능의 꽃' 은 은유이나 '본능의 꽃처럼' 은 직유이다. '본능의 꽃처럼 지나간다' 의 주체는 두꺼비 행렬이다.

바람이 끓인 파도 한 그릇에
생선 서너 마리를 갓 구워 먹는
어느 여름,
게들은 한낮의 옆구리에
햇살을 섞어 파란 밥을 짓고 있다

파도가 밀려오는 순간에도
온몸의 돌기와 털을 흔들어 대며
바람을 비벼 풍경 한 접시를 남기는
게들,
갯벌마저 칠게 네 집을 가는 길은
그만큼 들썩거리고
게들이 남긴 풍경 한 접시를 넘보는
모시조개의 애매한 입노릇에
노랑부리 백로가 발차기를 한다

뾰족하게 도드라진 내 발자국에
가득한 파도 한 접시
풍경은 흔적에 모여
바람이 두꺼워지지 않도록
철썩! 철썩! 한다

–「풍경 한 접시」 전문

박동길 시인의 두 번째 시집의 표제작인「풍경 한 접시」는 시작 방법에 있어 은유의 잔치를 벌이고 있다. '풍경 한 접시'는 달리 표현하면 '한 접시의 풍경'이다. '햇빛 한 스푼', '달빛 한 스푼' 그리고 '슬픔 한 스푼'이 이란성 쌍둥이듯이 이 시 속의 '풍경 한 접시', '파도 한 그릇', '파도 한 접시'는 이란성 쌍둥이다. '한낮의 옆구리'를 비롯하여 이 시의 밑줄 친 부분들은 모두 은유로 이루어져 있다. 바다를 시의 소재로 삼은 시인은 많다. 신안의 증도가 고향인 박시인은 바다에 대하여 많은 지식을 가지고 있다. 같은 신안 출신 시인들인 최하림, 김지하, 김창완 들이 노래한 바다와는 전혀 다른 시를 박시인은 낳고 있다. 아니 도시 및 토목공학이 전공인 박시인은 은유라는 제도기로 시를 설계하고 있다.「풍경 한 접시」와 같은 방식의 은유로 된 제목의 시가 「꽃바람 한 그릇」, 「허공 한 척1」, 「허공 한 척2」 이다. 그러한 시들 역시 일상의 언어를 철저히 배제하고 문학의 언어인 은유에 목매고 있다. 세 편 중에 「허공 한 척2」를 만나본다.

구름 몇 장 통통거리는 하늘
바람은 어선의 코를 나풀거리며
안강망 그물은 납작 누워 있다

바다는 피어나는 구름꽃 모아
섬들의 등에 사다리를 놓고
파도는 해협을 뛰어올라
허공에 플러그를 꽂는다

섬들이 엉덩이를 끙끙대며
풍경 알을 낳는 바다,
파도의 밑동에 매달린 그물을 끌고
뒤뚱거리며 사다리를 오르는
허공의 배 한 척이 떴다

구름 한 척이

뻬비꽃 사다리를 타고 하늘까지

은빛 허공을 간다

－「허공 한 척2」 전문

「풍경 한 접시」와 같은 방식의 은유로 된 제목의 시다. 「허공 한 척2」는 이 시집에서 완결미가 돋보이는 안정된 작품이다. 클리언드 브룩스가 말하는 잘 만들어진 항아리가 바로 이 시이다. 다른 시들에 비하여 은유가 억지스러움이 없이 자연스러울 뿐만 아니라 난해성도 덜한 편이다. 박시인은 명사와 명사 사이에 '의' 가 들어가 있는 은유를 유달리 많이 사용하고 있다. 영어에서 의(of)는 주격 관계, 소유격 관계, 목적격 관계 그리고 동격 관계 등 다양하다. 허공을 배로 비유한 상상력은 물론이고 다른 시들에 비하여 기승전결이 완벽한 이 시는 한 폭의 아름다운 수채화이다. '바다는 뿔뿔이/달아나려고 했다' 로 시작하여 '지구地球는 연잎인 양 오므라들고……펴고……' 로 끝나는 지용의 바다를 읽고 받았던 감동만치나 많은 감동을 나는 이 시에서 받는다. 이 시집에서 박시인의 대표작을 고르라면 나는 「허공 한 척2」을 택할 것이다.

3

「풍경 한 접시」 2부에는 1부에서 시작법을 중심으로 살펴봤던 시들 외에 그가 둥지 틀고 있는 목포에 대한 애정이 듬뿍 담겨 있는 시들이 한 부를 이루고 있다. 시인은 '인간과 자연의 가슴에 귀 기울이는 자' 라는 20세기 미국시인 로빈슨 제퍼스의 말처럼 박시인은 본인이 살고 있는 목포라는 지역의 자연과 인간에 귀 기울여 새로운 풍경들을 또 한 상 차려 내놓은 것이다.

동목포역, 햇볕 드는 난로가
쭈그리고 앉은 할머니 보자기에
노잣돈 만들어 딸자식 수술비 보태는데
깽깽거리며 팔려 가는 강아지들과
조반도 먹는 둥 마는 둥
산나물 시금치, 오이자루 머리에 이고 지고
자취하는 아들 학비 챙겨 온
아주머니 내외 간데없고
동목포역, 열차에서 내리기도 전에
점심 도시락 벌써 까먹고
지각한 1교시 매 맞지 않으려고

외우던 영어단어, 책가방 챙기느라
시끌벅적하던 통근 통학생들은
어디로 떠났는지
찐득찐득한 동 목포처럼
언니와 동생, 새댁과 시어머니
모이고 헤어지던 곳
철도원도 떠난 자리
설레발만 가득 차 있고 네모난 철로
받침목만 빗대어 서있더니
동목포역, 지금은
수만 가지 꽃과 나무, 공원을 가꾸어
낮에는 여치들과 풀잎이 재주를 겨루고
밤에는 매미와 풀벌레들이
꿈틀꿈틀 춤추며 노래하는 잔치에
달빛도 그림자 제치고
합창하러 온다

– 「동목포역」 전문

「동목포역」을 비롯하여 2부에 실려 있는 작품들은 「굴뚝」, 「부광상회」, 「쟁반식당」 그리고 「화장터」 등이다. 박시인이 증도에서 유학을 와 학창 시절을 보낸 그리고 오랜 세월 직장생활을 한 목포에서 만난 풍경 중에서 잊혀가는 풍경들을 시화한 것이다. 이러한 시들은 시사를 담고 있기에 표현기교에 있어 앞서 논했던 시들과는 조금은 거리가 있다. 은유의 가락지를 몇 개씩 어지럽게 끼고 있는 앞서의 시들과는 다른 풍경들이다. 그렇다고 해서 문학의 장치를 빠뜨린 것이 아니다. 상대적으로 앞서의 시들에 비하여 은유라는 가락지의 개수가 다소 줄어들었을 뿐이다. 여전히 박시인은 시가 갖추어야 할 언어가 문학의 언어라는 걸 분명히 아는 시인이다. 이러한 시들의 대표작이 「동목포역」인데 지금은 사라진 강아지풀만 그 자리를 지키고 있는 동목포역은 간이역이다. 나주, 무안 쪽에서 통학하는 학생들은 물론이고 생계를 위하여 많은 사람들이 많이 오르내렸던 추억이 깃든 사연 많은 역이다. 옛 목포상고, 마리아회고, 목포고, 청호중, 유달중, 문태고가 다 동목포역 주변에 있는 학교이기에 통학생들이 이 역을 이용하였다. 딸자식 수술비를 마련하기 위하여 보자기에 실려가는 강아지의 눈빛이 지금도 시인의 가슴에 둥지를 틀고 있다. 시끌벅적한 통학생들의 사연이 깃든 동목포역을 박시인은 '찐득찐득한 동목포처럼 언니와 동생, 새댁과 시어머니 모이고 헤어지던 곳'이라 노래하는데 지금 구동목포역은 시구 그대로 철로 주변이 공원화되어 낮에는 여치들과 풀잎이 재주를 겨루고 밤에는 매미와 풀벌레들이 꿈틀꿈틀 춤추며 노래하는 잔치에 달빛도 그림자 제치고 합창하러 오는 곳이다. 어떤 경우에도 시인은 언어를 낯설게 하는데 충실하고 있다.

죽동 차 안 다니는 길
점심시간 가게 상인들에게
백반을 배달하는 민들레, 보자기를 푼다
불편한 지체로 매일 금방, 꽃가게, 사진관
한복 집, 서점, 신발 집, 휴대폰 대리점
바쁜 상인의 배를 날쌔게 채워 준다

식당에서 순두부, 청국장, 백반을
날라 온 쟁반, 한 상에 천 원을 더한다
자비의 손이 지폐를 거슬러 받고 있다
내가 은혜의 밥상을 맛보려는 순간
은쟁반에 핀 꽃이 윈도우 치맛자락에
핀 어린 꽃과 자매처럼 깔깔 웃는다
함께 서 있던 바람이 햇살의 어깨를
바스락거린다

늦은 시간까지 민들레 쟁반 자락은

길을 쓸며 간다

—「쟁반 식당」 전문

원도심의 차 안 다니는 길에서 만난 풍경을 시화하고 있는 이 시는 점심시간이면 쟁반을 머리에 이고 점심을 배달하는 식당 아줌마를 '민들레' 라 하였다. 몸이 불편한 민들레가 바쁜 상인들의 배를 날쌔게 채워 준다. 밑줄 친 날쌔게는 부사로 '채워 준다' 를 꾸미고 있는데 부사 은유이다. 공장 노동자들도 힘이 들지만 식당 종업원들도 공장 노동자들 못지않게 힘이 든다. 민들레가 머리에 쟁반을 곡예하듯 이고 차 안 다니는 거리를 걸어가는 풍경을 상상해 본다. 미당의 질마재 신화 속에 나오는 물방울을 하나도 흘리지 않고 물동이를 이고 걸어가는 여인네를 이 시는 생각나게 한다. 물론 미당의 시에 나오는 물동이 인 여인과 박시인의 시에 나오는 쟁반 밥상을 배달하는 여인이 처한 상황은 전혀 다르다. 시인이 말하고자 하는 것은 불구인 식당 종업원에게 수고비로 주어지는 단돈 천 원이다. 그 천 원은 은혜의 밥상을 맛보려는 순간 은쟁반에 핀 꽃이 '윈도우 치맛자락에 핀 어린 꽃과 자매처럼' 깔깔 웃게 만든다.

이러한 외롭고 낮고 쓸쓸한 풍경들도 시인은 서러움이 복받치도록 노래하는 것이 아니라 아름답게 승화시키고 있다. 그것도 비유라는 문학의 언어를 반드시 사용하여 시화하고 있다. 이와 유사한 시 부광상회를 살펴본다.

유달산 능선 위로 별이 떴다
영업을 시작한 지 사십 년이 넘는 일상
미끄러운 산 그림자 하루를 닫으러
잔등을 지나고
땅구멍을 나온 지렁이
몸을 뒤틀며 귀가를 서두른다
영롱한 별빛, 타는 냄새가
대반동 부광상회 앞 산길을 덮고 있다
하늘에 별 한 그릇 떠 있고
안으로 박힌 가시철사, 잔뼈들이 박힌
항성처럼 길을 비추고 있다
부광상회 할머니는 별이 되기 위해
지렁이 같은 몸을 둥글게 뒤집으며 다니셨다
그때마다 산을 오른 사람들도 길을 멈추고
유달산의 별 한 그릇 따다가

초롱초롱한 밥상을 차려 주곤 했다
용머리 대교 주탑 위를 돌아
유달산을 올려다보니 할머니의 별빛이
부광상회 마루에 걸려 있다

-「부광상회」 전문

부광상회는 대반동 유달산 등산로 삼거리에 있는 구멍가게이다. 구 목포제일여고 담장을 따라 올라가면 부광상회라는 나무 간판이 문패처럼 세로로 부착되어 있다. 그곳에 이정표가 있는데 유달초교, 등산로, 보리마당이라 써 있다. 그 등성이를 따라 그대로 내려가면 목포공생원이 나온다. 그 등산로를 이용하는 사람들은 그리 많지 않으나 없어서는 안 될 가게이다. 부모로부터 대를 이은 이 가게는 몇 가구 안 되는 동네 주민들과 등산객들을 위하여 라면, 과자류, 음료수, 맥주 등을 판매하고 있다. 오래전에 이 가게의 주인이었던 할머니를 추억하며 시인은 할머니가 별이 되기 전에 등반객들에게 유달산의 별 한 그릇 따다가 초롱초롱한 밥상을 차려 주곤 했다고 노래한다. 그리고 할머니의 별빛이 부광상회 마루에 걸려 있다고 한다. 얼마나 멋들어진 은유인가. 이 밖에도 박시인이 목포에 살면서 유년 시절의 추억이 깃든 「무단조퇴」, 조선내화 굴뚝을 노래한 「굴뚝」 등의 시가 있다. 이러한 시들은 모두가 다 인간의 가슴에 귀를 기울인 시인의 따뜻한 가슴에서 나온 감동을 주는 시들이다.

4

3부와 4부의 시들은 주로 바다와 고향 증도에 대한 시들로 이루어져 있다. 고향에 대한 추억, 그중에서도 유년에 겪은 체험들은 거의 원형적이어 시인의 머릿속에 둥지를 틀고 시간이 흘러도 자리를 내놓지 않는다. 어떤 추억들이 박시인으로 하여금 추억의 족자를 펼치도록 하는지 알아본다.

> 돛배가 떠난 시골 빈집에
> 하얀 달 등성이를 타고 앉아
> 이별의 슬픔, 한 컵을 마신다
>
> 저 달 처마 밑 시렁에
> 일찍이 노끈 한 꿰미를

묶어 주신 어머니의 줄사다리
소란스런 바람의 혀를 꿰며
달려온 파도처럼 출렁거리고

울음 마를 새 없는 내 시궁과
고요 너머 사다리를 내려 준
어머니의 달빛 한 모금
눈물진 찻잔의 엉덩이를
하얀 달이 넘고 있다

–「달빛 한 잔」 전문

시인들이 고향에 대하여 쓰는 시들은 주로 소싯적 가족 간, 이웃 간 그리고 친구 간에 일어나는 일들이 대부분이다. 보통 가난했던 시절의 농촌에 대한 이야기들을 많이 쓴다. 그런데 박시인의 「달빛 한 잔」에 나오는 어머님에 대한 추억은 특별하다. 돌아가신 어머니를 추억하며 옛집에서 차 한 잔을 마시며 쓴 시이다. 어머니에 대한 추억을 이야기하는 데도 그의 시작법, 그러니까 은유의 과도한 사용은 우리를 혼란스럽게 한다. 하지만 시렁이니, 노끈 한 꿰미니 하는 시어에서 시골 정서를 느낄 수 있다. 또 다른 시들 아버지에 대한 추억을 시화

한 시들이 여러 편인데 그중에서 은유 가락지를 여러 개 낀 시보다는 좀 쉽게 다가갈 수 있는 시를 살펴본다.

예전 어느 날, 세 살짜리 수소가
방조제 석공들 노임에 팔려 가는 날
고삐에 끌려 나가며
왕방울만 한 눈물을 흘렸다

자식 같은 소의 코뚜레를 잡고
얼굴을 쓰다듬어 주는 아버지
우리 면내 서너 마을 암소들의
종자 소 노릇을 하며 쟁기질과
공사장 큰 돌을 수없이 나르던
일소

기름지고 살진 땅을 가꾸자던
수 키로미터 제방의 옆구리가
하루아침에 아홉 동강 난
어느 날
고통의 아침거리를 등에 지고
이랴! 이랴! 하시던 아버지와

고삐의 허둥거림이
수소의 울음소리에 눈물범벅이 된 채
우리 집 대문을 나섰다

-「묻어 둔 일」 전문

「달빛 한 잔」에 비하면 「묻어 둔 일」이란 시는 우리에게 쉽게 다가온다. 시인의 아버지는 시골에서 마을 이장을 20년 동안 지내신 분이셨다. 한때 제방공사의 그러니까 간척공사의 책임자이기도 하셨다. 간척공사장에서 일하는 인부들의 노임(임금)을 주기 위해서 집에서 키우던 정든 소를 팔아야만 했다. 정든 수소가 팔려가던 날 수소도 울고 시인도 울고 아버지도 울었다는 이야기다. 근데 애써 일해 놓은 제방의 옆구리가 아홉 동강이 났다고 한다. 묻어 둔 일을 파내 보면 시인의 이마에 자신도 모르게 눈물이 스칠 것이다. 「묻어 둔 일」은 제목을 달리 표현하면 '미망未忘이다.' '고통의 아침거리를 등에 지고/이랴! 이랴! 하시던 아버지와/고삐의 허둥거림이/수소의 울음소리에 눈물범벅이 된 채/우리 집 대문을 나섰다'는 표현을 보라. 결국 어떤 상황이든 무엇을 노래하든 이 시인은 은유에 집착한다.

어릴 적 뒷산, 솎아베기를 할 때
앵감나무 열매가
풀숲에 떨어졌다
가시 끝에 진한 햇살을 감아 돌린
빨간 구슬
굽이 자라나 뾰족한 가시로
마디마디 줄기로
열매를 맺은 빨간 앵감
앵감의 눈물이 풀숲에 떨어질 때마다
비탈진 가을볕도 턱! 쓰러졌다

나도 남의 앵감나무를 베어내는
삶의 솎아베기를 한 적은 없는지
가시라며
낫질하는 게 아니었다
탱탱한 열매를 풀에 꿰어
나무의 목에 걸어 주었다
우리 집 강아지 목걸이 같았다

골짜기마다, 나무의 가슴과 다리를
휘감아 도는 앵감을

베어 내는
슬픔은 산도 나도 알고 있었다
볼그족족한 서양 무렵
앵감을 목에 건 어린 해송은
아직도 빈산을 지키고 있었다.

— 「솎아베기」 전문

나무의 성장에 지장을 주는 앵감을 잘라 내는 일을 솎아베기라 시인은 말하고 있다. 비록 가시넝쿨이지만 앵감은 빨간 열매를 매달고 있다. 앵감은 시인의 눈길을 끌기에 충분한 정도로 색깔이 아름답다. 앵감 열매가 풀숲에 떨어지는 것을 '비탈진 가을볕도 턱! 쓰러졌다' 고 이야기하고 있다. 앵감의 붉은빛을 가을볕에 동일화시키고 있다. 더불어 앵감을 솎아 낸 그 일을 삶의 현장과 비교하여 '나도 남의 앵감 나무를 베어 내는 삶의 솎아베기를 한 적은 없는 지' 라고 뒤돌아보고 있다. 비록 가시가 있는 앵감나무이지만 무엇이든 존재할 이유가 있는 것이다. 그동안 삶을 영위하면서 이웃들에게 앵감나무를 베어 내듯 잔혹하게 굴지 않았을까, 하는 생각을 하고 있다. 우리는 의도적이든 무의식적이든 타인에게 상처를 주기도 한다. 비록 나무의 성장에 지장을 주는 기생하는 앵감넝쿨이지만 어린 해송과 함께 빈 산을 지키고 있다고 한다.

고향에 대한 추억이 담긴 시 이외에도 3부와 4부에는 교회 장로인 시인이 어린 시절부터 존경해 왔던 육이오 동란 중 순교한 문준경 전도사에 대한 시들과 바다에 대한 시들이 있다. 그러한 시들 중 어떤 시는 「묻어 둔 일」처럼 쉽게 다가오기도 하고 어떤 시는 「달빛 한 잔」처럼 은유가 깊은 사유를 보여주기도 한다.

5

시는 인간과 자연의 가슴에 귀 기울인 자가 자신의 생각과 느낌을 언어로 옮기는 것이다. 지금까지 은유의 달인을 꿈꾸는 자가 차려 놓은 '풍경' 한 상을 시작법을 중심으로 맛보았다. 작품성이 뛰어난 「경칩驚蟄 지나」, 「소만小滿 쌀밥」, 「풍경 한 접시」, 「허공 한 척2」 목포에 살면서 보았던 풍경들, 「동목포역」, 「쟁반 식당」, 「부광상회」 그리고 고향에 대해 노래한 시 「달빛 한 잔」, 「묻어 둔 일」, 「솎아베기」 등이다. 그밖에도 「해당화」를 비롯하여 언급하지 못한 뛰어난 시들이 많다. 박시인은 시작 방법에 있어서 매 시편마다 은유를 의식적으로 사용하고 있다. 시의 소재는 전통적이나 기교는 모던하다. 그는 은유의 달인을 꿈꾸는 시인이다.

박동길

전남 신안 증도에서 태어나 광주대학교와 목포대학교 대학원을 졸업했다. 『21세기문학』 신인상으로 작품 활동을 시작했으며 시집으로 『증도바다』를 펴냈다. 현재 목포시청 건설방재과장으로 재직하고 있다.

e-mail dgpark1@korea.kr

문학들 시선 030

풍경 한 접시

초판1쇄 찍은 날 | 2014년 11월 20일
초판1쇄 펴낸 날 | 2014년 11월 30일

지은이 | 박동길
펴낸이 | 송광룡
펴낸곳 | 문학들
등록 | 2005년 8월 24일 제2005 1-2호
주소 | 501-841 광주광역시 동구 천변우로 487(학동)2층
전화 | 062-651-6968
팩스 | 062-651-9690
전자우편 | munhakdle@hanmail.net

ISBN 978-89-92680-91-2 03810